CATALOGUE

—

ESTAMPES

De diverses Écoles

ANCIENNES ET MODERNES

QUELQUES DESSINS

Collection de M. T..., Étranger

—

SUPPLÉMENT

ÉCOLES MODERNES, EAUX-FORTES

Caricatures

LIVRES SUR LES ARTS, ETC.

DONT LA VENTE AURA LIEU

HOTEL DES COMMISSAIRES-PRISEURS

RUE DROUOT, 5, SALLE N° 7

AU PREMIER ÉTAGE

Le Samedi 7 Juin 1873

A UNE HEURE PRÉCISE

———

M· DELBERGUE-CORMONT, Commissaire-Priseur,
rue de Provence, 8,
Assisté de **M. VIGNÈRES**, Marchand d'Estampes,
rue de la Monnaie, 21 (ancien 13), à l'entresol.

———

PARIS — JUIN 1873

CONDITIONS DE LA VENTE

L'ordre du Catalogue sera suivi.

Elle sera faite au comptant.

Les Acquéreurs paieront CINQ POUR CENT en sus des enchères.

M. VIGNÈRES, dirigeant la vente, se charge des Commissions.

NOTA. Toute commission sans prix fixé ou sans limite déterminée sera regardée comme nulle.

M. VIGNÈRES se charge de faire marquer les prix aux Catalogues des ventes qu'il a faites. Les personnes qui le désirent peuvent s'adresser à lui *franco*.

Plusieurs Amateurs éloignés en ont reconnu l'utilité pour les guider dans leurs achats sur les valeurs des Estampes.

Les Catalogues des Ventes à faire seront envoyés à toute personne qui en fera la demande *affranchie*.

M. VIGNÈRES se charge des Commissions dans les Ventes de Livres et Estampes autres que les siennes.

Choix de Catalogues avec prix marqués

CATALOGUE

—•—

ESTAMPES ANCIENNES ET MODERNES

1 **Allard** (C.) *excudit*. L'Ouïe, le Goût, l'Attouche-
ment. 3 compositions in-fol., marge, costumes
Louis XIV. — 3

2 **Bakkuyse**. Vue de l'Assemblée des États de
Hollande, et Vue intérieur du tirage d'une
Loterie hollandaise. — 2 p. in-fol., curieuses. — 2

3 **Baptiste** (d'ap.). Vases et Corbeilles de fleurs.
12 p. gr. in-fol. Chez Covens et Mortier. — 10,50

4 **Berghem** (d'ap.). Scènes de Pâtres et Bergères
flamands, avec Animaux, Paysages. 34 p. — 3

5 — Le Matin, le Soir, Animaux, Sujets. In-8 et
in-fol. 12 p. Belles. — 3

6 **Bourdon** (S.). Paysages avec ruines, Arbres et
Cours d'eau : la Samaritaine, l'Orage, etc. 12 p.
in-fol. — 2

7 **Bye** (Marc de), Van Velde et autres. Animaux :
Anes, Bœufs, Chevaux, Moutons, Vaches. 38 p. — 2

8 **Caricatures curieuses**. Jean qui rit, Jean
qui pleure, Gentlemen prenant une leçon de
danse, etc. 4 p. — 1

9 **Claude Lorrain** (d'ap.). Sun rising, Sun set-
ting. 2 p. Marine et Paysage, in-fol. — 1

10 **Cochin** (d'ap.). Paysages, Ruines. 16 vues sur 4 feuilles, in-4, marge.

11 **Collaert**. Animaux : Chiens, Moutons, Chameaux ; la Nature et autre. 5 p.

12 **Cort** (Cor.). Sylvain, dieu de la campagne ; ovale, gr. in-4.

13 **Costumes** du règne de Louis XIV. 3 p. gr. in-fol. Scènes d'intérieur : Dame dormant, faisant de la musique, etc.

14 **Demarteau**. Paysage, d'ap. *Houël* ; Cosaque, d'ap. *Boucher* et autres. 8 p.

15 — Académies d'enfants couchés, d'ap. *Bouchardon*. 3 p. —, par *Bonnet* : Académies de femmes. 6 p. sanguine, gr. in-fol.

16 — Études académiques d'hommes, d'ap. Carle Vanloo, Colin de Vermout, Jouvenet, etc. 25 p. sanguine, gr. in-fol.

17 — Buste de Jeune Fille avec un voile. Charmant fac-simile, d'ap. *Boucher*, aux 3 crayons.

18 **Eaux-fortes flamandes**, par Aken, Waterloo, Weirotter, etc. 5 paysages.

19 **École anglaise**. Les Cyclopes à leur forge ; Achille découvert par Ulysse, d'ap. *Angelica Kauffman* ; Apollon et Hyacinthe. 3 p. in-fol.

20 **École flamande**. Essais et effets des pompes à boyaux aux incendies, à Amsterdam, des années 1679 à 1683. 5 p. in-fol. Belles.

21 — et autres. Eaux-fortes : Bacchus ; Paysages. Sabbat, Laocoon, par *Thourneyser*. Le Satyre et le Passant, etc. 43 p.

bout 6.

M. D. C. G.

Mitchel 15   M.D.C. 12
x x

M.D.C. 6

Lio.   Vermont 2

Lebanon 6

Lebanon 6

22 **École française**. L'Enfance, d'ap. *Lancret*. — Le Cocu battu et content, d'ap. *Pater* et autre. 3 p.

23 — Tombeau du maréchal de Saxe, par *Cochin fils*; Mort d'Hercule; Énée et Anchise. 3 p. in-fol.

24 — Copie de l'Académie des sciences, de Leclerc; saint Antoine de Padoue, prêchant aux poissons, aux oiseaux; la Peinture, d'ap. *Audran*, etc. 13 p.

25 **École italienne**, d'ap. *Maratte* et autres : Sujets bibliques, religieux, etc. 16 p.

26 **Everdingen**. Paysages : chaumières, arbres, cours d'eau, rochers. 55 p. marge.

27 **Falcone** (Angel). Apollon assis près de Pégase (B. 20). Petit in-fol. travers.

28 **Fock**. Paysages divers. 10 p.

29 **Fokke**. Vignettes : Homme se cachant dans une boîte, très-jolie pièce et autres; sujets de révolution hollandaise; Iris, qui par ses yeux témoigne sa langueur. Charmante petite p. in-12 en travers, par B. Picart. 7 p.

30 **Fontana** (D'après Dom). Travaux pour l'Obélisque à Rome; pièce très-curieuse. Gr. in-f. en trois feuilles, en travers.

31 **Fritzsch** (C.-F.). Les Adieux de Calas à sa famille. La malheureuse famille Calas, d'après *Carmontelle*. 2 p. in-f. avec texte en vers hollandais.

32 **Gheyn**. Vierge et Jésus sur des nuages. Portraits d'hommes. 2 p. in-12 ovale.

33 **Ghisi** (G. Mantouan). Hercule Farnèse (B. 41). Superbe ép.

34 **Glauber.** Paysages, ruines, arbres, baigneuses. 6 p. in-fol. travers.

35 **Gmelin** (G.). Vue des petites Cascatelles et de la maison de campagne de Mécène à Tivoli. 2 belles p. in-fol.

36 **Gole.** Tactus : Femme terrassant son mari. — Agar au désert, par *Schaek*. 2 p. in-4, manière noire.

37 **Goltzius.** Les Sept vertus, six autres. Diligence, Patiente. 15 p.

38 — Femmes bibliques, mythologiques, Samson, David, etc., 22 p.

39 — Apollon pythien. Hercule, victor. 2 superbes ép. in-fol.

40 **Haid.** Amusement de la Jeunesse. Le Vieillard, amant généreux et content. 2 p. in-fol., manière noire.

41 **Heemskerke** (Martin). L'Espérance et le Désir conduisant la Patience sur un char, derrière lequel la Fortune est attachée. Les inconvénients de l'ivresse. 5 p. très-curieuses et rares.

42 **Hooghe** (Romain de) et autres. Plan de la glorieuse bataille de Malplaquet, d'Hochstedt, de Ramillies, etc., 8 p.

43 **I. B.** (Monogramme). Petits-Maîtres, Crispin de Passe et autres : Marcus Curtius, Caïn tuant Abel, Tempérance, Charité, Les quatre éléments. 13 p.

— 6

co 4

Touch. 22.

...aucher 22   Lebouche 27

...touche 10   Lebouche 11.

...euil 5   Lebouche 12

...bouche 12

Michel 20

Michel. 10   Rot 5

44 Jazet. Siècle de François Iᵉʳ. Siècle de Louis XV. Une Soirée chez Mᵐᵉ Geoffrin en 1775. 2 très-belles compositions gr. in-fol. d'après *Lemonnier*.

45 Jonckman. Vases et Corbeilles de fleurs. Gr. in-fol. d'après *Baptiste*. 12 p.

46 Jouvenet (D'après). Descente de croix, par *Desplaces*. Superbe ép. in-fol. marge.

47 Keller. Vues de Francfort, etc., 6 p. in-fol. travers.

48 La Belle. Sainte-Vierge et Jésus; Saint-Jean ; Paysage rond. 11 p.

49 Laer (Pierre de). Attaque d'un convoi. In-fol. en travers.

50 La Fargue (P.-C.). Triptyque : Assomption de la Vierge, et sur les volets : Annonciation, Adoration des bergers. 2 p. in-fol.

51 Lebarbier (D'après). Pénélope et Ulysse, ou La Pudeur, Lycurgue, Magnanimité, lettre grise. 2 p. in-fol. par *Avril*.

52 Lebas. Vue de Saint-Pétersbourg, d'après *Natoire* et *Cochin* fils. La Madrague ou la Pêche du Thon, d'après *J. Vernet*. 2 p. fort curieuses, et autres marines. 4 p. gr. in-fol.

53 Lebrun (D'après). Martyre de Saint-André, Saint-Jean l'évangéliste. 2 p. in-fol.

54 — Martyres de Saint-Étienne, de Saint-Laurent, de Sainte-Agnès. 3 p. in-fol. très-belles.

55 Le Moine (D'après). Louis XV donnant la paix, allégorie gr. in-fol. sup. marge.

2

56 **Lepôtre**. Arc-de-triomphe, Sacrifice, Combat,
2 eaux-fortes de *Lebrun*, 8 p.

Vig 1

57 **Lochom** (Michel Van). Paysages, etc., 19 p.

Vig 12

58 **Luiken** (C.). Massacres de la Saint-Barthélemy. Pièce capitale du maître, et très-curieuse.
En 2 feuilles jointes, in-fol. travers.

Vig 6

59 — Henri IV instituant l'Édit de Nantes (1599).
Louis XIV le révoquant (1685). 2 p. curieuses
in-fol. en travers.

Vig 10

60 — Henri IV assassiné par Ravaillac. p. curieuse,
in-fol. en travers.

Vig 8

61 — Batailles. Massacres, etc. 8 p. curieuses.

7

62 **Marot** (D.). Salle d'Audience, à la Haye, où
sont reçus les ambassadeurs. 1er État avec texte
hollandais; 2e État avec la traduction. 2 p. in-
fol. Riche architecture.

2

63 **Martini** (P.-A.). Albinius et les Vestales à
prise de Rome par les Gaulois, d'après *Pajou*.
Gr. in-fol. marge.

Vig 2

64 **Matham** (J.). Saint Boniface, en pied, dans un
cadre formé de 16 scènes de sa vie; saint Bar-
thélemy, d'après *Guido Reni*; 2 p. in-fol.

Vig 11

65 — Les Amours des dieux, in-4; Le Printemps,
rond, etc.; 6 p. d'ap. *Goltzius*.

Vig 2

66 **Mellan**. Saint Paul ravi dans le ciel (M. 88.
1e État); Thèse de G. de Longueil (283, pl. du
haut. 2e État). 2 p. in-fol.

67 **Meyeringh** (A.) Le Tombeau; Paysage; 2 p.

2

68 **Moncornet**. Vues, paysages, ruines, etc., 44
p. in-8, et in-4.

…a 16 Lebouche 11

…o. 10

… 10

…ouche 17

…ouche 7.

…mail 4. Cusco 10 Lebouche 13

…cco 10

69 **Moreau** (D'après). La Dame du palais de la Reine. Les Précautions. 2 p. petit in-fol.

70 **Morghen** (D'après les dessins de Gio. Elia.). Porte et tableaux de la galerie de Marie de Médicis. 3 p. in-fol. par *G. Giampiccoli* et autres; marge.

71 **Moucheron**. Intérieur de parcs avec fontaines, pavillon et figures. 2 p. en hauteur, marge.

72 — Paysages arcadiens, avec figures. 24 p. in-fol. en travers.

73 **Muller** (J.). Abel tué par Caïn; Enlèvemen d'une Sabine; Vénus et Mercure; Sans Cérès et Bacchus, Vénus a froid; 4 p. in-fol.

74 **Natalis** (M). Saint Bruno inspiré; avec une pl. ajoutée, de 8 vers latins; in-fol. marge. Belle ép.

75 **Nieulant**. Paysages. 4 p. très-belles épr.

76 **Ornements**. Vases, Urnes, Grilles, Architecture, Armoiries. 14 p.

77 **Paysages** de Schmidt, Vivavès et autres. 37 p. marge.

78 — D'Hollar; à l'eau-forte; etc. 15 p.

79 **Peeters** (J.) excudit. Vues de l'île Candie, Constantinople, Grèce, Morée, Archipel, Malte, etc. 37 p. oblongues en travers.

80 **Perelle.** Vues et paysages divers. 30 p.

81 — L'Isle de la Conférence, où la paix fut signée entre la France et l'Espagne, le 7 novembre 1659. Pièce curieuse et belle. In-fol.

82 **Pièces curieuses** et drôlatiques, représentant des proverbes, etc. 3 p. in-fol. Rares.

83 **Pièces historiques.** Cavalcade du Pape allant à Saint-Jean-de-Latran, gr. in-fol., marge.

84 — françaises : Philippe-Auguste à Bouvines ; Siéges de Beauvais, d'Orléans ; Bayard, Pépin. Henri IV. 12 p. in-fol., toute marge, d'ap. *Marillier* et autres, des Tableaux des Français.

85 — Bombardement de Gueldre par les troupes du roi de Prusse, au mois d'octobre 1703. Très-grande p. en travers en 3 feuilles.

86 **Pillement** (d'ap.). Petites marines anglaises, 4 p. in-fol., par *Roberts*. Marge.

87 **Piranesi.** Vue de Saint-Pierre de Rome, extérieur et intérieur ; Campo-Vaccino. 3 p. in-fol. Belles.

88 **Portraits.** Fagelius, par *Tanjé* ; Goffin et son fils, par *L. Jehotte*, Keller et autres. 5 p. in-8 et in-fol.

89 — **Vestris** faisant une pirouette. Pièce curieuse, rond équarri, in-fol., bistre.

90 Portraits divers de la Révolution et personnages étrangers, etc. 50 p.

91 **Poussin** (d'ap.). Mort de Germanicus. In-fol. en travers.

92 **Punt.** 1738-1740. Suite complète de vignettes pour Molière. 34 p. très-belles, in-8, montées comme dessins, sans marge.

93 **Richomme.** La Vierge de Lorette, d'ap. *Raphaël*. Très-belle ép. Marge.

Médon 3

Lebouch 22. Médon ,   Verneuil

Lebouch 6   Cuvo

Michel 15
S. Jean 13.

Lebouch 7

Lebouch 9. M.D.C. 5

94 **Roëttiers**. Sujets de l'Histoire de Moïse, 5 et le titre. 6 p. in-4.

95 **Rogman**. Vues et Paysages, in-4. 7 p. à l'eau forte.

96 **Rubens** (d'ap.). Plafonds : Sujets de l'Ancien et du Nouveau-Testament. 7 p. Lions, Martyre d'un Saint. 15 p. Belles.

97 **Sadeler** (J.). Scènes de la Passion; Bacchus, Vénus et Cérès, etc. 4 p. in-fol.

98 **Saenredam**. Divinités des 7 planètes et les occupations des hommes auxqnelles elles président. 7 p.

99 **Saint-Non**. Bacchanales de 8 Bacchantes et deux Enfants. P. au bistre, d'ap. *Boucher*.

100 **Sallieth**. Allégorie, de nombreuses figures, ayant rapport aux guerres de Hollande, d'ap. *Lapis*. In-fol. Curieuse.

101 **Spilman** (H.). La Cour intérieure du château, vues de parc, paysages; 7 p. d'ap. *Guyen, Molyn*, et autres.

102 **Sujets gracieux**. Angelique et Médor. Danse de nymphes, non terminée. 2 p. in-fol.

103 **Sujets d'intérieur**. Époque Louis XIV, le Repas, la Musique, le Sommeil. 3 p. gr. in-fol.

104 **Sujets religieux**. Sainte Famille. Veuve de Sarepta. David et la tête de Goliath, etc. 12 p.

105 **Swanevelt** (Herman Van). Diane et Vénus : sujet n° 3. Très-belle ép. avec *Excudit*.

106 **Tanjé** (P.). Suite des vignettes pour les OEuvres de J. Racine. 14 p. in-8, montée comme dessin.

107 **Testa**(Pietre). L'enfant Jésus embrassant la croix (B. 4), et copie même sens. saint Roch et saint Nicolas implorant la Vierge pour la cessation de peste (B. 13)., avant et avec l'adresse. Martyre de saint Erasme (B. 14), et copie même sens. saint Jérome en pénitence (B. 15), avec l'adresse effacée. Vénus apportant des armes à Enée (B. 24), avant le nom. — Armée romaine, d'ap. Tempeste. 9 p. in-fol. belles.

108 **Thulden**. Entrée de l'archiduc Ferdinand, à Anvers. 22 épreuves du n° 5.

109 **Valck** (G.). Gratitudine : Offrandes aux dieux de la terre. Sup. ép. in-fol. in travers.

110 **Vanderneer** (d'ap.). Effets de lune. 3 p. in-fol.

111 **Vanloo** (d'ap.). Saül et David, par *Cochin* fils. Combat, par *Binet*. Chasse au tigre, d'ap. *Parrocel*, par *L. Desplaces*. 3 p.

112 **Vareien** (J. E. van). Chevaux, bœufs. Suite de 6 p., trè-belles ép. à l'eau-forte; toute marge in-4.

113 **Velde** (J. van). Le Printemps, l'Hiver, Novembre. Paysages animés, flamands; 16 p.

114 **Vernet** (d'ap. J.) La Pêche au clair de la lune, les Pêcheurs italiens, par *Me Bertaud*, in-4, la Nuit, par *Aliamet*, la belle Après-dinée, par *Coulet*, la Cuisine ambulante des matelots, par *Le Veau*. 5 p. in-fol.

115 **Vidal**. Le Présent; Je m'occupais de vous; 2 p. d'ap. Mlle *Gérard*. L'Etude de la musique. 3 p. in-fol.

116 **Vignettes** pour les œuvres de Marmontel. Edition hollandaise de 24 p., très-belles ép. toute marge.

117 **Visscher** (J.). Scènes d'animaux d'ap. *Berghem.* 4 p. in-4.

118 — La Pêche, l'Anier, le Vacher, les Laveuses, 4 p. in-fol.

119 **Volpato** (J.) Tombeau d'Algarotti, visité par 4 personnages dont un abbé. Gr. in-fol. sup. épreuve.

120 **Zocchi** (d'ap. G.). Vues de Florence, avec dédicace à Marie-Thérèse. 51 p. in-fol. Marges.

121 **Zucchi** (Andrea). Adam et Eve. saint Jean-Baptiste. Grande Statue de Mathias. 3 p. in-fol., belles.

122 — Fleurs dans des vases et corbeilles, en nombre. 61 p.

DESSINS

123 ESQUISSES A L'HUILE sur papier. Vases de fleurs. 2 p.

124 — Anes et moutons; 2 belles p. attribuée à *Berghem.*

125 BLOEMMAERT (d'ap.). Annonciation aux bergers. Gr. in-fol. à l'encre de Chine.

126 MOREL. Eglise de village. Belle aquarelle d'ap. *Barbier*. Gr. in-fol.

127 NEUFVILLE (D. M. V. G. de) 1773. Grand paysage, avec tertre et bestiaux, Aquarelle in-fol.

128. NEUFVILLE (J. de) 1790. Têtes d'hommes. 2 p. crayons noir et sanguine. in-4°.

129 — 1797. Vestales sacrifiant. Très-jolie aquarelle, in-4 en hauteur.

130 — 1798. Le Gué. Très-Joli paysage avec arbres. Aquarelle. in-4 en travers.

131 — 1802-1803. Deux très-jolis paysages avec arbres, rivières, pêcheurs. Aquarelles. gr. in-4 en travers.

132 — Entrée à l'église, le Donneur d'eau bénite. Charmante aquarelle en travers. Gr. in-4.

133 NEUFVILLE (M. J. de). 1800. Le Bord de l'eau : Vaches, chèvres, chevaux, etc. Intérieur villageois : Moment du déjeuner. 2 aquarelles, in-fol.

134 — Eau sous bois. — (J. de) 1801. La Fileuse d'ap. *Dujardin*. 2 aquarelles in-fol.

135 — 1802-1804. Gr. paysages, avec Rivières, Bestiaux, Arbres, Lointains, etc. 2 aquarelles in-fol.

136 — 1804. Cavalcade avec chariot relayant à une auberge devant une église, avec bestiaux s'abreuvant. Gr. aquarelle in-fol.

137 — 1805. Bestiaux conduits à l'abreuvoir par un pâtre vu de dos, d'ap. *Jansson*. La Chaumière, noire, d'ap. *Ruisdael*. 2 aquarelles, gr. in-fol.

138 — 1806-1807. Prairie avec bestiaux au repos sur
le devant, d'ap. *Janson*. Les Chaumières dans
les fourrés, d'ap. *Hobbema*. 2 aquarelles, gr.
in-fol.

139 — 1803. Chiens poursuivant un cygne qui s'en-
vole. — (J. de). 1806. Jeune garçon jouant aux
billes sur un tonneau. 2 aquarelles in-fol.

140 — (J. de) 1792. Fermes, Champs, rivières, etc.
6 p. au bistre, in-4.

141 — 1795. Les Prisonniers. — (M. J. de.) 1796.
Christ en croix. 2 p. in-fol. au bistre.

142 — (D. M. V. G.) 1768. Places avec église et maisons. — (J. de) 1792. Chute d'Icare, très-jolie p.
1791. Vues de maisons entourées d'eau. 4. p.
gr. in-4 au bistre.

143 — (B. A. de) 1839. Chute d'eau d'entre des rochers, avec chalet au sommet. Belle p. au bistre, in-fol.

144 VANLOO (d'ap.). Son Portrait d'ap. *Desmarteau*.
Gr. in-fol., crayon noir.

145 DIVERS. Château d'Amboise. Chasse au san-
glier et Repos de chasseurs, au bistre. 3. p.

146 — Sujet historique, costumes Henri III : veuve
à genoux au milieu de grands seigneurs. Belle
p. sanguine, pet. in-fol.

147 — Trompes-l'œil ; Scarabée paraissant recou-
vert d'une feuille de papier de Chine. Titres de
livres pêle-mêle, avec cartes à jouer. Deux dessins curieux, in-fol.

SUPPLÉMENT

ÉCOLE MODERNE, EAUX-FORTES, CARICATURES

148 Aubry (Charles). Histoire pittoresque de l'équitation. 25 feuilles lithog., titres et textes.

149 — Chasses anciennes, d'ap. les manuscrits des xiv° et xv° siècles. 13 pl.

150 Aubry le Comte. La Volupté, gracieux buste de femme, lithog., gr. in-4. Sur Chine, sup. ép. d'ap. *Prudhon*.

151 Beauvarlet. L'abbé Nollet, d'ap. *de la Tour*. In-8, belle ép.

152 Bois anciens. Petits portraits et autres environs. 60 p.

153 Bonington. Son portrait par *Damour*; Ruine, lithog. originale; le Page, et autres de l'École anglaise. 7 p.

154 Braquemont. Journal, Margot la Critique, le Repos, et autres. 8 p. à l'eau-forte.

155 Caricatures. Le bon Genre. Lever et Coucher des Grisettes. Le baiser deviné. La Statue. La Dansomanie. La Trenis. La Sauteuse. Bal paré. Les Trois Grâces. Ravel. Le Boudoir. Mlle Pastel. Les ennuyées de Longchamp. La Soirée de Coblentz. Les Capotes. Costumes anglais. 19 p. coloriées, pourra être divisé.

Curso 1

Curso 10

156 — Mode du jour. Promenade à la plaine des Sablons. Suprême bon ton. Danse au bois de Vincennes. Le Baiser perfide. Désagréments des redingotes nacarat. Des Visites à pied, etc. 8 p. coloriées.

157 — Officiers de l'armée anglaise. La Galerie du Palais-royal. Allons à Bagatelle. Les amateurs. La rencontre à la sortie du Muséum, etc. 7 p. coloriées.

158 — Merveilleuse, n° 8. — Scène du déluge survenu dans le nord en 1806. — Mme Bonaparte en pied, à cheval, Joséphine à cheval. 5 p.

159 **Chromolithographie.** Vitrail représentant saint Louis portant la couronne d'épines, superbe pièce en couleur. Chapelle de Dreux.

160 **Daubigny.** Paysage à l'eau-forte et par Calame. 7 p.

161 **Decamps.** Son Portrait par *Wacquez.* Le Savoyard. Corps de garde turc. L'Anier turc. Eaux-fortes originales, 3 p.

162 — Son portrait par *Masson.* Le Savoyard et le singe. Lépreux. Chiens de chasse. La Comédie en plein vent. 5 p.

163 **Demarteau.** Attributs et Sujets de Chasse. Trophées, le singe faisant la trempette. 3 p. d'ap. Huet, Sanguines, très-belles.

164 **Diaz** (d'ap.) Rêverie d'Amour. Femmes d'Alger et autres. 5 p.

165 **Dufeu.** Vue d'Égypte, à l'eau-forte. 7 p.

166 **Eaux-fortes** par Delacroix, Lalannè, Ribot et autres. 14 p.

167 — Vues d'Épernay, de la Sauve. 11 p. Eaux-
fortes par *Drouin. Normand.*

168 **Eaux-fortes** modernes, par *Divers, Leleux,* etc.
10 p.

169 — Paysages par *Divers.* 15 p.

170 **Eaux fortes italiennes.** Castiglione. *Lau-
rent Loli.* et autres. 27 p.

171 **Ecole Française.** Bellanger, Lafage, Lemire,
d'ap. Greuze et autres. 16 p.

172 **Ecole Italienne.** Grandes compositions allé-
goriques sur la vie humaine, de l'homme et de
la femme qui se termine par la mort. 2 p. en
italien.

173 **Felon.** Esquisses autographiques. 5 p. sujets
gracieux de femmes, lithog.

174 **Flameng.** Sauvée!!! Eau-forte; gr. in-fol.
sur. ép.. avant la lettre.

175 — La même avec la lettre.

176 **Gavarni.** Un Bal, etc., et par Granville. 21 p.

177 **Granet.** 1812. Intérieur, — par de *Boissieu.*
2 p. a l'eau forte.

178 **Grandville** (D'apr.). Vignettes pour les fables
de La Fontaine. 47 p. sur bois.

179 — Grandes Pièces, tirées du journal la *Carica-
ture.* 4 p

180 **Himely.** Fac-simile, d'ap. *A. Delacroix:* le Printemps, l'Été, figures de jeunes Filles. 2 p. en
couleur.

181 **Jacques** (Charles). Une Ferme; Scènes en Bre-
tagne, etc. 7 p. sur la Chine.

M.d.C.
Leboul
M.d.C. 3   Amann[illegible]

[illegible]adam[illegible]

M.d.C.[illegible]

182 **Jacques** (Léon). Essais à l'eau forte. 10 p.

183 **Joyant**. Vue de Venise et autre. 2 p. à l'eau-forte sur Chine.

184 **Laugier**. La Vierge au lapin blanc, d'apr. *Titien*, grand in-fol., avant la lettre, superbe épr. toute marge.

185 **Legros**. Souvenirs des Funambules, 4 sujets à l'eau forte sur 2 planches, très-rares. Debureau sur bois et lithogr. par *Lacauchie*. 6 p.

186 **Lemud**. Portrait de M. J. Gigoux ; la Bourse ; le Prisonnier ; l'enfance de Callot, etc.

187 **Lithographies**. Sujets divers. 10 p.

188 **Massard** (L.). Costumes du XIV* au XVI* siècle coloriés. 43 p. in-8.

189 **Masson**. Martyre de Saint-Barthélemy, d'ap. *Ribera*, grand in-fol. Très-belle ép.

190 **Meissonnier**. Son portrait, par *Regnault*.

191 — Polichinelle, belle épr. rare.

192 — (D'après), le docteur pour Paul et Virginie par *Pigeot*, sup. ép. avant la lettre Chine très-grand papier.

193 — Officier Louis XIII, eau forte, par *Charles Blanc*, 1866.

194 — Sujets divers à l'eau forte, par *Martin Chablis*. 15 p. marges, petit in-fol.

195 — Spadassin, gravé sur bois, par *Lavoignat*. Belle ép.

196 **Meryon**. Encadrement pour un portrait ; au-dessous, livre ouvert, Code, Lois. Paris 1862, in-4.

197 — La Pompe, Notre-Dame (artiste).

198 — La Tour de l'horloge (artiste).

199 — Le petit pont de l'Hôtel-Dieu (artiste).

200 **Nanteuil** (Célestin). Eaux-fortes, d'ap. *Delacroix*, et autres pour (le Musée). 5. par *Johannot*, *Scheffer*, de Bouquet le Larmoyeur, etc. 16 p. la plupart sur Chine.

201 **Ornements** d'Orfèvres. Épreuves tirées sur les objets gravés, plus de 80 motifs collés sur 2 feuilles.

202 **Portraits** anciens. Leicester, Bullinger, etc. 8 p.

203 **Prudhon.** Enlèvement d'Europe, eau-forte originale. Très-belle ép.

204 — (d'ap.). En tête de lettre de la Préfecture de la Seine, par *Roger*, adressée au prince Louis Connetable, signée : *Frochot*.

205 — L'Amour séduit l'innocence, le plaisir, l'entraîne, le repentir suit in-fol., par *Roger*.

206 **Raffet** en pied, par *Daumier*, la Revue, Jean-Jean, et autres par *Charlet*, les suites du jeu de la Drogue, par *H. Vernet*, etc. 11 p.

207 **Tardieu.** Portraits de Savants, Littérateurs, Médecins et autres. 50 p.

208 **Valerio.** Bachi-Bozoucq et autres. 2 p.

209 **Vernet** (Horace). Le Marchand de pierres, superbe ép. sur grand papier, sans la lettre d'avis.

210 **Vignettes** modernes, pour Molière, d'ap. *Staal,* Rebecca, d'ap. *H. Vernet,* avant la lettre, etc. 12 p.

D. C. 10 x

bundle 6.

bundle 6.

bundle 3

bundle 6

M.ɔ.e

211 — d'après *Gravelot*, anglaises et à l'eau forte,   3
  tirées de divers ouvrages. 34 p.

212 **Vues** de Paris, par *Jacques Lalanne* et autres,   1
  eaux fortes et lithog. 9 p.

213 — De Suisse, par Villeneuve, etc. 23 p.   1 . 50

214 **Voitures d'apparat**, de sacre, de Galas,   2
  dessins originaux et gravés, des xviii et xix*
  siècle. 16 p.

215 **Pièces** tirées de l'artiste gravées et lithog.   1
  12 p.

216 **Diverses écoles**, Durer sur bois, Savry. 9 p.   5 . 50

217 ANONYME, portrait d'homme avec grande per-   1
  ruque; ovale, in-8, dessin à l'encre de Chine
  sans marge.

218 ESTIENNE 1860 à Rome. Vierge et Jésus, cos-   1 . 50
  tumes de femmes italiennes, avec enfants,
  debout et assises, Moine, Pâtre romain. 12 p.
  in-fol., crayon noir.

LIVRES SUR LES ARTS

ET ILLUSTRÉS

219 **Bachelier**. Mémoire sur l'éducation des filles,   o
  Paris 1789, broché.

220 **Cellarius**. La danse des Salons, illustré par   1
  Gavarni et gravé sur bois par Lavieille. Paris,
  1849, grand in-8, broché.

221 **Clément** (Charles). Géricault, étude biographi-
que et critique, avec le Catalogue raisonné de
l'œuvre du maître. 2ᵉ édit. 1868. Broché.

222 **Cubières** (Dorat Palmezeaux). Le Progrès des
Arts dans la République, poëme; Dieu et les
Saints; les Victoires de Buonaparte; les Do-
léances du Pape et autres Hymnes, an V de la
République.

223 **Daressy** (Henri). Statuts et règlements faits
par les maîtres en faits d'armes de la ville et
fauxbourgs de Paris 1644 — Paris 1867. Tiré à
petit nombre.

224 **Henriet** (Frédéric). Le Paysagiste aux Champs,
croquis d'après nature. 12 eaux-fortes. Paris,
1866, gr. in-8, broché.

225 **Ingres**. Réponse au rapport sur l'École des
Beaux-Arts, adressé au Maréchal Vaillant. *Di-
dier*, 1863. — Examen critique du Rapport sur
l'École des Beaux-Arts, par M. le comte de
Nieuwerkerke. *Dentu*, 1864. 2 brochures.

226 **Molière et sa troupe**. Beau volume gr. in-8,
avec 5 portraits.

227 **Saint-Georges** (H. de). L'Historien de Charlet, peint par lui-même, avec le portrait de
M. de La Combe, par *Bellangé*. 1862. Broché.

228 **Théâtre**. L'Amoureux de Quinze Ans, par
Laujon; vignette 'd'ap. *Gravelot*, 1771. — Blan-
che d'Aquitaine, par H. Bis, avec lithog. d'*Abel
de Pujol*. 2 brochures.

229 De l'usage du Compas de proportion. Manuscrit
petit in-4 de 42 pages et figures de trigonométrie.

Leola[illegible]

Leola[illegible]

Leola[illegible]

Leola[illegible]

Leola[illegible]

Leola? 2. Hodon[illegible]

M.D.C. 4 Leola[illegible]

Leola[illegible]

230 Gymnase lyrique, recueil de chansons orné de
la lithogr. de *Charlet*. Fidèle y court, 1839. Broché. — Histoire de ma Perruque, ou le Bon gé-
nie. 2 brochures.

231 Mémoire sur les travaux ordonnés dans les car-
rières sous Paris, 1804. — Projet de jonction de
la Marne à la Seine, 1828. 2 brochures.

232 Monuments de Sculpture, Peinture, Architecture de l'ancien Comtat Venaissin. 10 lithog. et
texte in-4. 2 exempl.

233 Annuaire des Beaux-Arts, par *E. Fillonneau*,
1862. — Galerie des Beaux-Arts, orné de 16 vignettes, d'après *Duvaux*, 1844. 2 brochures.

234 Mes Visites au Musée du Luxembourg, orné de
5 lithog. au trait, 1818.

235 Explication des Peintures exposées au profit des
Grecs, galerie Lebrun, Delacroix, Géricault,
Prud'hon, etc., 1826. Brochure.

236 Livret de l'Exposition faite en 1673, dans la
cour du Palais-Royal, par M. A. de Montaiglon.
— Des Critiques sur les Salons depuis 1699 et
du Salon de 1810, par le même. 2 brochures.

237 — Salon de 1750. Tableaux de Boucher, Natoire, Restout, Vanloo, etc. 15 pages.

238 — Salon de 1836, par Barbier. Signé de l'au-
teur. — 1839, par le même. 2 brochures.

239 — Salon de 1844, par Thoré, avec une eau-forte
de *Jeanron*, d'ap. Ronsseau.

240 — Salon de 1861, par Maxime Du Camp.

241 Ambigu magique, ou Tableau changeant, à
l'usage de ceux qui n'ont pas la berlue, 1778.

242 Transport de l'Obélisque du Vatican, par Dom. Fontana. Vol. in-fol., fig. 1590. Mauvais état par l'humidité.

243 Columnensium procerum. Portraits de la famille Columna. 41 p. et texte in-4. Très-taché.

244 Elegantiores statuæ antiquæ a Rome, 1776. Vol. in-8. 40 p. et texte italien.

245 Histoire de Polybe, trad. du grec par don Vincent Thuillier, bénédictin. Grand nombre de planches, toutes les batailles de l'antiquité. 6 vol. in-4. Paris, 1727. Reliure pleine, v. brun.

246 Plans de Paris : 1780, 1784, 1814, 1817, 1839. Environs de Paris : 1773. 7 cartes.

247 **Catalogue** du Cabinet de F. Boucher père, peintre, par Rémy. Paris, 1771.

248 — de la Collection Duval, de Genève, illustré de 19 eaux-fortes, par *Klauber*. In-4. (Prix.)

249 — Le même, non illustré, avec prix.

250 — Galerie Pourtalès, objets d'art (prix) et planches de vases.

251 — de 24 Tableaux modernes, Collection Deforge, illustré. — Col. D... Dessins de Géricault. — Tableaux de M. le comte Vilain XIV. In-4. 3 catalogues.

Vᵉ Renou, Maulde et Cock, imprˢ de la Cⁱᵉ des Commissaires-Priseurs, rue de Rivoli, 144.   32221

57   Étranger   4 - 15
503 France a 6ᵉ 3 0 - 20
     Paris nouveau
     Distribution
           par
190 Lasquien   8

     Chemises 5 mains   7 . 50

     Honoraires   5 0
        5 % 49   9 9 . 85

[illegible] Juin 18[..].

M. DELBERGUE CORMONT
Com.re Priseur.
8, Rue de Provence.

7 Juin 1873
Vente de [illegible]
[illegible] de M. Vignères

			933
Produit			
à Déduire :			
affiches et affichage	28	10	
Insertions au moniteur des ventes	9	60	
déclarations de vente	2	20	
timbre des procès verbal	3	60	
enregistrement	26	15	
[illegible] ou bourse commune	29	40	
Honoraires	29	40	
hommes de peine	12		
location de la salle	26	15	
	166	60	
Déduire les 5% reçus des acquéreurs	46	65	
	119	95	
Débours divers :			
impression du catalogue	143	"	
Transport à l'hôtel	3	"	
journée du commissionnaire	5	"	
[illegible] aux employés et commissionnaire			
[illegible] supplément de travail	10	"	
	280	95	280	95

A Déduire :
affiches et afficheur
Insertions au moniteur des ven...
déclarations de vente
timbre de procès verbal
enregistrement
versement ou bourse commune
Honoraires
hommes de peine
location de la salle

Déduire les 5% reçus des acquéreurs

Déboursés divers :
Impression du catalogue
Transport d'hôtel
journée du Commissionnaire

Frais

A Déduire :

Affiches et afficheur

Insertions au moniteur des ventes

déclarations de vente

Timbre des procès verbal

Enregistrement

versement au bureau commune

Honoraires

hommes de peine

location de la Salle

Déduire les 5 % reçu des acquéreurs

Déboursés divers :

Impression du catalogue

Transport à l'hôtel

journée du Commissionnaire

Fx. aux employés et commissionnaire

frais Supplément de travail

Affranchissement des Catalogues, étranger	4.15
France et Paris nouveau à 6ᶜ	30.20
distribution à Paris	8.
chemises 5 mains	7.50
Honoraires 5 %	50...
	99.85
	280.95
	380.80

$$\frac{933}{\underset{933}{41}} \, \% $$

3732

382-53